Bibliografische Information der Deutschen Nationalbibliothek:

Die Deutsche Bibliothek verzeichnet diese Publikation in der Deutschen National-
bibliografie; detaillierte bibliografische Daten sind im Internet über http://dnb.d-
nb.de/ abrufbar.

Dieses Werk sowie alle darin enthaltenen einzelnen Beiträge und Abbildungen
sind urheberrechtlich geschützt. Jede Verwertung, die nicht ausdrücklich vom
Urheberrechtsschutz zugelassen ist, bedarf der vorherigen Zustimmung des Verla-
ges. Das gilt insbesondere für Vervielfältigungen, Bearbeitungen, Übersetzungen,
Mikroverfilmungen, Auswertungen durch Datenbanken und für die Einspeicherung
und Verarbeitung in elektronische Systeme. Alle Rechte, auch die des auszugsweisen
Nachdrucks, der fotomechanischen Wiedergabe (einschließlich Mikrokopie) sowie
der Auswertung durch Datenbanken oder ähnliche Einrichtungen, vorbehalten.

Impressum:

Copyright © 2007 GRIN Verlag
Druck und Bindung: Books on Demand GmbH, Norderstedt Germany
ISBN: 9783668910270

Dieses Buch bei GRIN:

https://www.grin.com/document/460643

Torsten Eßer

Diguem yes! Vom Protestlied zum Mestizo-Sound

Musik in Katalonien

GRIN Verlag

GRIN - Your knowledge has value

Der GRIN Verlag publiziert seit 1998 wissenschaftliche Arbeiten von Studenten, Hochschullehrern und anderen Akademikern als eBook und gedrucktes Buch. Die Verlagswebsite www.grin.com ist die ideale Plattform zur Veröffentlichung von Hausarbeiten, Abschlussarbeiten, wissenschaftlichen Aufsätzen, Dissertationen und Fachbüchern.

Besuchen Sie uns im Internet:

http://www.grin.com/

http://www.facebook.com/grincom

http://www.twitter.com/grin_com

Torsten Eßer

Inhalt

Diguem yes! Vom Protestlied zum Mestizo-Sound. Musik in Katalonien 2

Aus den Klöstern in die Welt... 2

Rückkehr auf die Bühnen (1976 – 2006) 10

Kulturpolitik/ Medien/ Industrie 20

Ausblick 22

Bibliographie: 24

CD-Auswahl: 25

Diguem yes! Vom Protestlied zum Mestizo-Sound. Musik in Katalonien[1]

„*Llibertat!*" Das war das meist gerufene Wort von rund 9.000 Zuhörern am 15. Januar 1976 im Sportpalast von Barcelona. Knapp zwei Monate nach dem Tod des Diktators Franco gab der aus dem Exil zurückgekehrte Liedermacher Lluís Llach in einem Meer von katalanischen Flaggen ein Konzert bei dem er viele seiner „Hits" vortrug. An den folgenden zwei Abenden gab Llach weitere Konzerte, die wieder bis auf den letzten Platz ausverkauft waren: „Diese drei Konzerte waren die angespanntesten und spannendsten meines Lebens. Die Repression war noch nicht verschwunden. Das Publikum schmuggelte katalanische Flaggen u.ä. in die Halle. Frauen trugen anstatt BHs zusammengefaltete Flaggen. Und obwohl die Kontrolleure vermeldeten, dass keine Flagge durchgekommen sei, sah man eine Banderole von 30 Metern Länge im Saal."[2]

Hatte die Rückgewinnung des eigenen kulturellen Terrains in Katalonien schon unter der Diktatur begonnen, so sind diese Konzerte dennoch ein Meilenstein für den Neubeginn des katalanischen Kulturlebens, das nun (bald) nicht mehr der Zensur unterlag. Aber zunächst ein kurzer Überblick über die katalanische Musikgeschichte.[3]

Aus den Klöstern in die Welt...

Bereits im Mittelalter hatten Mönche in den Klöstern Sant Cugat del Vallès und Ripoll eine eigene Musikkultur entwickelt, die sich u.a. auch theoretisch mit Musik beschäftigte, so im Traktat "Breviarum de musica" des Mönches Oliba aus Ripoll. Seit dem Ende des 11. Jh. entstand in Europa die Troubadourdichtung als eine sprachlich, formal und inhaltlich hochentwickelte Liedkunst. Rund 2.500 Lieder von etwa 450 Troubadouren sind überliefert. Etwa 200 stammen aus der Feder katalanischer Autoren, allein 120 von Cerverí de Girona (Guillem de Cervera) und 31 von Guillem de Berguedà. Ihre Lieder begründeten die reiche Sammlung katalanischer Liedkunst, die im "*Obra del canconer popular de Catalunya*" erfasst ist.[4] Sie benutzten das Okzitanische – genauer gesagt, eine daraus entwickelte literarisch-poetische Kunstsprache - für ihre Dichtung. In einigen Texten wurden allerdings schon katalanische Begriffe verwendet. Aber erst das "Llibre vermell" (rotes Buch) aus dem

---

[1] Angelehnt an den Titel des Liedes von Raimon "Diguem No!" und den Buchtitel von Stegmann 1979.
[2] Interview 09/ 2006 in Cadaqués.
[3] Da sich dieser Band thematisch vor allem auf die heutige „Autonome Gemeinschaft Katalonien" beschränkt, werden Entwicklungen und/oder Personen aus den anderen *Països Catalans* nur erwähnt, wenn sie Bedeutung auch für das Musikgeschehen dieses Gebietes haben.
[4] Diese in den Jahren 1928-1936 erstellte Liedersammlung umfasst über 10.000 populäre Musikstücke, davon 9.000 mit Gesang.

Kloster Montserrat, das seinen Namen von einem Einband aus rotem Saffianleder aus dem 19. Jh. trägt, markiert den Beginn der Musik in katalanischer Sprache. Der Tanz "Los set goyts" und die Motette "Imperayritz de la ciutat joyosa" wurden in dieser Sprache überliefert. Von den 137 erhaltenen und im Jahre 1399 kopierten Pergamentseiten überliefern sieben Musik, die zur Unterhaltung der Pilger gedacht war, die ins Kloster Montserrat kamen.

1586 schrieb Joan Carles Amat in eben diesem Kloster das erste bekannte Traktat über die Gitarre in Spanien. Montserrat spielte in den kommenden Jahrhunderten eine wichtige Rolle im Musikleben Kataloniens: Die Komponisten Joan Cererols (1618-1680) und Narcís Casanoves (1747-1799) entstammen seiner Schule. Antoni Soler (1729-1783), der Kapellmeister in Lleida und später im Escorial wurde, erhielt in Montserrat seine Ausbildung, ebenso Josep Ferran Sors (1778-1839), bekannt als Fernando Sor, der zu seiner Zeit als bester Gitarrist der Welt galt.[5]

Im 18. Jahrhundert beherrscht die italienische Musik Katalonien. Großes Vorbild ist Rossini, ihm folgen Komponisten wie Ramon Carnicer oder Vincenç Cuyàs.[6] Mit Josep Anselm Clavé tritt während der *Renaixença* ein Mann in das katalanische Musikleben, der mit seinen Ideen die Musik dem Volk öffnete und es auch aktiv an ihr teilhaben ließ: Der Autodidakt komponierte Stücke, arrangierte Volkslieder neu und gründete verschiedene (Arbeiter)Chöre (*Cors de Clavé*), die schließlich zum Grundstein der katalanischen Chorbewegung (*Orfeó Català*) wurden. Die 1890 gegründete *Federació de Cors de Clavé* kümmert sich auch heute noch um das Chorwesen und den Nachwuchs.

Als die katalanische Kultur mit der *Renaixença* ihr Selbstbewusstsein und ihr Erbe wieder entdeckte, begann man – inspiriert von romantischen Idealen - sich auch mit der ländlichen Volkskultur zu beschäftigen. Sagen, Gedichte und Musik wurden wiederentdeckt und gesammelt. Die Sardana aus der Cerdanya in den Pyrenäen - eine von vielen etymologischen Theorien führt ihren Namen auf diese Herkunft zurück – gehörte dazu. Der Musiker und Komponist Pep Ventura brachte sie in ihre heutige Form: Er legte die Zusammensetzung des Orchesters (*cobla*) verbindlich fest – elf Musiker spielen zwölf Instrumente (neben den Blasinstrumenten und Bass spielt ein Musiker eine Einhandflöte, *flabiol*, und eine kleine am Arm festgebundene Trommel, *tamborí* - u.a. und schrieb über 400 Stücke. Gemeinsam mit Miquel Parda gab er auch dem Tanz eine festgelegte Choreographie. Bis dahin war die Sardana ein Volkstanz unter vielen gewesen, Größe und Instrumentierung der *cobla* unterlagen keinen Regeln. Orchester, die aus den Bergen nach Barcelona reisten, um dort mit ihrer Musik Geld zu

---

[5] Vgl. Casanovas, S. 295.
[6] Vgl. Ginés S. 138-141.

verdienen, galten als Bauernorchester. Nun änderte sich der Blickwinkel, und die Sardana avancierte bis zum Ende des 19. Jh. zur nationalen Tradition. Die Städter „reinigten" die Musik von nicht-katalanischen Elementen (Polka etc.) und stellten für Sardana und *cobla* weitere Regeln auf. Für deren Einhaltung sorgten die zu Beginn des 20. Jh. massenhaft gegründeten Sardana-Vereinigungen, die bis heute die Veranstaltungen am offiziellen „Tag der Sardana" durchführen.

Wie bei vielen zu Nationaltraditionen erhobenen Kulturgütern, versuchte man auch bei der Sardana ihre Wurzeln - die bis heute nicht eindeutig erforscht sind – in eine weit entfernte Zeit zu legen und so den Mythos zu stärken.[7] Denn die Sardana ist aus katalanischer Sicht keine Folklore, die auf einer Bühne präsentiert wird, sondern eine wichtige soziale Tradition, die aktive Beteiligung erfordert: „Jeder ist willkommen, in jedem Moment. [...] Das Symbol dieses Tanzes besteht darin, sich in vollkommener Harmonie und Gleichheit die Hände zu reichen. Diese Normen verweisen auf die tiefsten Grundlagen unseres Charakters, denen wir immer treu bleiben sollten", sagte der Cellist Pau Casals über den Tanz seiner Heimat.[8] Bekannte Orchester wie *La Principal de La Bisbal* spielen über 200 Konzerte pro Jahr. Das Publikum ist fast immer älter als 50 Jahre, denn viele Jugendliche lehnen die Sardana wegen ihrer strikten Form und der mit ihr verbundenen eher konservativen Weltanschauung meist ab, auch wenn einige Gruppen – *Companyia Elèctrica Dharma, Dijous Paella* –versuchen, Cobla-Instrumente und Sardana-Rhythmen mit modernen Klängen zu vereinen. In den Tanzschulen für traditionelle Tänze (*esbarts dansaires*) findet sich trotzdem immer genug Nachwuchs ein.

Im Übergang zum 20. Jahrhundert betreten drei katalanische Musiker und Komponisten die Weltbühnen, von denen zwei aufgrund ihrer Werke im Allgemeinen nicht für Katalanen gehalten werden: Isaac Albéniz und Enric Granados, beide Schüler des katalanischen Musiktheoretikers Felip Pedrell, der eine Erneuerung der spanischen Musik aus der Folklore heraus forderte. Isaac Albéniz, 1860 in Camprodon am Fuß der Pyrenäen geboren, begann sehr früh mit dem Klavierspiel und gab schon im Alter von acht Jahren Konzerte in Barcelona. Nach Studien in Madrid, Brüssel und Leipzig – u.a. bei Franz Liszt – kehrte er 1883 wieder nach Barcelona zurück, spielte dort auch mehrere Konzerte auf der Weltausstellung von 1888, zog 1893 nach Paris und starb 1909 in Frankreich. Er gilt als Begründer des spanischen Nationalstils, da er es verstand, die Rhythmik der andalusischen Volksmusik in seinen Klavierwerken zu verarbeiten. Die Inspiration für seine weltbekannten Stücke – "Suite Española op. 47",

---

[7] Vgl. Martí i Pérez 1994, S. 42-43. Das bisher älteste bekannte Dokument zum Thema „Sardana" in katalanischer Sprache stammt aus dem Jahr 1577 und liegt im Stadtarchiv von Olot.
[8] zit. n.: Subirana, Lluís. *Ciutats Pubilles de la Sardana 1960 – 1995*, Tarragona 1995, S. 74.

"Suite Iberia" - holte er sich in Andalusien, dort vor allem in Granada ("La Alhambra").

Und da viele seiner Klavierkompositionen schon bald von namhaften Gitarristen wie Francisco Tárrega für ihr Instrument transkribiert wurden, identifizierte man ihn erst recht mit andalusischer Musik. Nur wenige Werke von Albéniz erinnern an seine Heimat, wie z.B. die "Suite Catalonia", die auf populärer katalanischer Musik basiert.

Auch der Pianist Enric Granados (1867-1916) aus Lleida wird als spanischer Musiker angesehen, da viele seiner Kompositionen ebenfalls urspanische Themen behandeln und als Gitarrenwerke Berühmtheit erlangten, wie die temperamentvollen "Danzas españolas" oder die "Goyescas", inspiriert von den Gemälden Goyas.

Der mit Albéniz Befreundete lernte in Paris die wichtigsten zeitgenössischen französischen Komponisten kennen – Fauré, Debussy, Ravel etc. – und blieb doch einem romantischen Stil treu, geprägt von Chopin, Schubert und Grieg. Nach seiner Rückkehr startete er 1889 in Barcelona seine Karriere als Konzertpianist und spielte unter anderen mit dem Cellisten Pau Casals. Die Aufführung seiner Oper "María del Carmen" war 1898 ein großer Erfolg. 1901 gründete er in Barcelona die Granados-Akademie, an der bis heute – sie trägt inzwischen den Namen Marshall-Akademie – Pianisten ausgebildet werden. 1916 reiste Granados mit seiner Frau zur Aufführung seiner aus den "Goyescas" komponierten Oper nach New York. Auf dem Rückweg torpedierte ein deutsches U-Boot den Passagierdampfer „Sussex" und das Ehepaar ertrank im Ärmelkanal.

International bekannter noch als seine beiden Zeitgenossen ist der Cellist Pau Casals (1876-1973), der seit seinem Debüt als Solist, 1899 mit dem Lamoureux-Orchester in Paris, Erfolge feierte, vor allem mit seinem weltberühmten Kammermusiktrio. Casals schrieb geistliche Musik und Orchesterwerke. Seine wohl bekanntesten Kompositionen sind das Oratorium "El Pessebre" von 1960 und die Hymne der Vereinten Nationen, die er 1971 schuf. Ein anderes Stück, das alte katalanische Volks- und Weihnachtslied "El Cant dels Ocells", machte er weltweit populär, da er jedes seiner Konzerte, seit er ins Exil gehen musste, mit diesem Lied beendete, so auch das Konzert am 13. November 1961 im Weißen Haus vor John F. Kennedy und illustren Gästen.

Auch andere Musiker und Komponisten profitierten von der zwischen etwa 1880 und dem Beginn des Bürgerkriegs 1936 herrschenden kulturellen Aufbruchsstimmung in Katalonien: Enric Morera, einer der produktivsten katalanischen Komponisten, führte 1897 seine Oper "La fada" auf dem vierten modernistischen Fest in Sitges auf, organisiert vom Maler Santiago Rusiñol. Die sog. "Generation von 1920" übertrug sie in Noten: Robert(o) Gerhard aus Valls, ein Schüler von Enric Granados, studierte später bei Arnold Schönberg in Berlin und komponierte nach seiner Rückkehr als erster Zwölftonmusik in Spanien. Der Komponist mit Schweizer Wurzeln gilt als Begründer

der modernen katalanischen Musik. Viele seiner Kompositionen – neben Liedern auch Opern und Sinfonien – sind geprägt von einer Mischung aus katalanischer Volksmusik und Zwölftontechnik. Mit Beginn des Bürgerkrieges emigrierte er nach Frankreich bzw. Großbritannien und kehrte nicht mehr nach Katalonien zurück. Sein Kollege Frederic Mompou hingegen komponierte seine Lieder und Klavierstücke unter dem Einfluss der französischen Impressionisten. Insbesondere Erik Satie diente als Vorbild für die leicht dissonierenden Klänge seiner Klavierminiaturen. Eduard Toldrà schuf eine Oper und etliche Lieder, Manuel Blancafort verschiedene Konzerte und Symphonien. Xavier Montsalvatge aus Girona schließlich, mischt in seinen Werken – z.B. in den "Cançons negres" - katalanische und karibische Motive.

Der Sieg General Francos im Bürgerkrieg bedeutete 1939 das Ende der Freiheit: Der öffentliche Gebrauch des Katalanischen wurde wieder einmal verboten, ebenso die Pflege der Traditionen, inklusive der Musik. Von den 50er Jahren ab loteten die Intellektuellen ihre Freiräume aus, die auch wuchsen, weil sich Spanien ausländischen Investitionen, Militärs und dem Tourismus, dessen Hauptziel die katalanischen Küsten waren, öffnen musste. Es entstand „die Kunst des Möglichen" (*possibilisme*): 1952 produzierte man den ersten Kinofilm auf Katalanisch, 1957 die erste, nichtfolkloristische Platte.

Jazzclubs durften eröffnet werden, und Barcelona, wo schon seit den 1920er Jahren eine kleine Jazzszene existierte, wandelte sich zum Zentrum und Einfallstor dieser Musik auf der iberischen Halbinsel, nicht zuletzt wegen seines Hafens, in dem mit den Seeleuten und den amerikanischen Soldaten schnell die neusten Jazzalben und -noten aus den USA und anderen Ländern nach Spanien kamen: "Die Faschisten waren nicht gegen den Jazz, denn erstens transportierte er ja keine kritischen Texte und zweitens waren sie für diese Musik viel zu dumm. Manchmal gingen sie jedoch gegen einzelne Musiker vor, aber eher wegen anderer Aktivitäten", so Jordi Pujol Baulenas, der die Geschichte des Jazz in Barcelona erforscht hat.[9] US-Stars wie Lionel Hampton und Louis Armstrong spielten Mitte der 50er Jahre in der Stadt und der Pianist Tete Montoliu stieg zum ersten katalanischen „Star" dieser Musik auf.[10] Er beherrschte bis in die 80er Jahre die Szene und entwickelte sich auch auf internationalem Parkett zum Aushängeschild Spaniens.

In der Kunstmusik arbeitete eine neue Generation von Komponisten, die sich im *Cercle Musical Manuel de Falla* zusammenschloss, die Kriegsjahre auf und befasste sich mit seriellen und atonalen Musiktechniken. Zu ihr gehörten u.a. Josep María Mestres Quedreny ("Peça per a Serra Mecànica", 1963), Xavier Benguerel ("Concierto para guitarra y orquesta"; 1971), Leonardo Balada ("Cristóbal Colón"; 1992), Antón García

---

[9] Interview 09/ 2006, Barcelona.
[10] Vgl. Pujol Baulenas 2005, S. 295ff

Abril, Claudio Prieto, Salvador Pueyo und Joan Guinjoan, der die Gruppe *Diabolus in Música* leitete und als dessen bekanntestes und bestes Werk die Oper „Gaudí" (1991) angesehen wird.

Die ökonomische und kulturelle Öffnung Spaniens nach Europa und den USA, sowie der beginnende Tourismus, zogen auch die Gründung der ersten Pop- und Rockgruppen nach sich, die vor allem angelsächsische Hits kopierten. In Barcelona gründeten sich u.a. das *Dúo Dinámico* und *Los Sirex* (1959), die spanischen *Beatles*, und *Los Salvajes* (1962)[11], die spanischen *Rolling Stones*. Angeheizt wurde die Rockszene auch durch den Auftritt der *Beatles* am 3. Juli 1962 in Barcelona. Als Vorgruppe spielte die Band *Los Sirex*: „Das fand in der Plaza de Torros statt. Wir sollten das Publikum anheizen. Leider war der Klang der Beatles an diesem Tag sehr schlecht. Vor den *Beatles* standen viele Guardia Civiles und jeder der zu laut wurde oder sich wild bewegte wurde zurechtgewiesen. Hysterie wie in anderen Ländern war nicht erlaubt", erzählt Manolo Madruga, damals Gitarrist der Band.[12] Bands wie *Els Dracs, Los Mustang* und *Els Tres Tambors* oder die Psychedelic-Rocker *Tabaco* spielten in den neuen Clubs Barcelonas wie dem „San Carlos" oder dem „San Diego", in denen die Jugendlichen ihre *Beatlemania* ausleben konnten. Der beginnende Wohlstand einer wachsenden Mittelschicht ermöglichte es vielen spanischen/ katalanischen Jugendlichen, konsumbasierte Gegenkulturen (Rocker, Hippies) zum Lebensstil ihrer Eltern zu erschaffen, deren Hauptidentifikationsmerkmal die Musik war.[13]

In diesem Klima begrenzter kultureller Öffnung begann eine Gruppe Musiker katalanischsprachige Lieder zu schreiben, ohne zu ahnen, dass sie schon bald als richtungsweisend im Kampf für eine neue Volkskultur gelten sollte. Die Bewegung der *Nova Cançó* (Neues Lied) entwickelte sich zum „öffentlichkeitswirksamen Sprachrohr"[14] der katalanischen Kultur und zu einem wirksamen Instrument zur Popularisierung ihrer Sprache. Begonnen als geplante Aktion, bei welcher der Dichter Lluís Serrahima[15] und verschiedene Musiker Elemente aus dem französischen Chanson, dem Jazz und dem italienischen Lied auswählten und sie mit katalanischen Texten versahen, verselbstständigte sich die Unternehmung schnell, und es entstand eine kulturelle Bewegung national-volkstümlichen Widerstandes, die die Gültigkeit und Legitimität eines einheitlichen spanischen Kulturraumes in Frage stellte. Nach dem ersten Konzert unter dem Namen *Nova Cançó* 1961, gründete sich bald *Els setze jutges*

---

[11] *Los Salvajes* absolvierten mit Hilfe eines deutschen Freundes namens Bernhard Schramm 1964/65 eine Deutschlandtournee und traten u.a. im legendären Hamburger "Star Club" auf.
[12] Interview 12/ 2005, Mönchengladbach.
[13] Vgl. Bendit, S. 216-220.
[14] Stegmann, S. 125.
[15] Serrahima veröffentlichte 1959 in der Zeitschrift *Germinàbit* einen Artikel mit dem Titel "Wir brauchen Lieder für heute", der als Manifest zur Gründung der Bewegung gilt.

(Die 16 Richter)[16], ein loser Zusammenschluss, von - am Ende - 16 Sängern, darunter Francesc Pi de la Serra, Maria del Mar Bonet, Lluís Llach und der aufgrund seiner Hinwendung zum spanischen Gesang später verstoßene Juan Manuel Serrat.[17] Der Valencianer Raimon (Pelegero Sanchis), der nie offiziell zu den 16 Richtern gehörte, machte mit seinen schon ab 1959 komponierten Liedern – "Al vent"; "Diguem No!"; "Som" etc. - die Bewegung noch bekannter. Seine erste Platte auf dem 1961 gegründeten Label EDIGSA verkaufte sich 1963 40.000 mal, zu einem Zeitpunkt, als es in Spanien noch wenige Plattenspieler gab. Seine Konzerte wurden zu Manifestationen der nationalen Selbstvergewisserung. Die Zensur reagierte kaum, bis man ihn 1968 mit einem zweijährigen Auftrittsverbot belegte. Doch nicht alle Sänger der *Nova Cançó* waren politisch, oft waren die Lieder "nur" der musikalische Ausdruck einer neuen Jugendkultur[18]: „Die *Nova Cançó* war nicht nur ein Synonym des Antifrankismus und des Freiheitskampfes, es kam vor allem zu einer Rückbesinnung auf die Sprache, die ja in der Öffentlichkeit verboten war. Als ich „Al Vent" textete, konnte ich meine eigene Sprache nicht schreiben. Diese Rückbesinnung hatten alle Sänger gemeinsam, aber nicht unbedingt mehr. Viele spielten nur reine Unterhaltungsmusik oder Liebeslieder", erklärt Raimon.[19]

Der Erfolg der Lieder der *Nova Cançó* – zwischen 1962 und 1968 erschienen etwa 80 Platten - lag nicht nur im Gebrauch der Sprache begründet, sondern auch in ihren Texten, die keine Schranke zwischen Alltag und Kunst errichteten und für alle Volksschichten direkt verständlich waren, auch wenn sie nach und nach verklausulierter wurden, um die Zensur zu täuschen. Viele Liedermacher verwendeten auch Texte katalanischer Dichter aus vergangenen Jahrhunderten und belebten sie so wieder. Und auch zeitgenössische Lyriker wie Salvador Espriu oder Joan Oliver erreichten durch die Liedermacher ein größeres Publikum, das sich vor allem aus den neuen Mittelschichten rekrutierte: Darunter hingen die Jungunternehmer eher dem konservativen oder gemäßigten Katalanismus an, während die Intellektuellen und Studenten den radikaleren Forderungen der Liedermachern zuneigten.[20]

Lluís Llach musste von 1970 bis 1974 ins Exil gehen. Seine Texte zensierte man besonders hart, und ihm wurde häufig das Singen verboten: Dann sang einfach das

---

[16] Der Name bezieht sich auf einen katalanischen Zungenbrecher - „*Setze jutges d'un jutjat mengen fetge d'un penjat*" (16 Richter eines Gerichts essen die Leber eines Gehenkten) – der für Spanier einige schwer auszusprechende Laute enthält.
[17] Joan Manuel Serrat verkaufte von seinem dritten Album "Cançó de matinada" 1967 über 100.000 Exemplare und erregte so die Aufmerksamkeit der spanischen Kulturverantwortlichen, die ihn schließlich überredeten Spanisch zu singen (vgl. Viñas, S. 147/ Stegmann, S. 138-139).
[18] Vgl. Lahusen, S. 66.
[19] Telefon-Interview 04/ 2003.
[20] Vgl. Lahusen, S. 49.

Publikum die Texte zu seinem Gitarren- oder Klavierspiel: „Sie dachten, wenn sie meine Texte zensierten, zerstörten sie meine Arbeit. Aber da der Faschismus tiefgründig dumm ist, erreichten sie das Gegenteil. Sie machten aus mir, vor allem aber aus Liedern wie „L'estaca" [Der Pfahl], einen Mythos und ein Symbol für den Widerstand."[21]

...

Siset, siehst du denn nicht den Pfahl,

an den wir alle gebunden sind?

Wenn wir uns nicht losmachen können,

werden wir nie frei herumgehen!

Wenn wir alle ziehen, wird er fallen,

...[22]

1969 schloss sich eine zweite Generation von Nova Cançó-Sängern – Jaume Sisa, der „Bürgerschreck"[23], Pau Riba u.a. – denen die „Alten" schon zu gesetzt erschienen, als *Grup de Folk* zusammen, die einen stark von US-Liedermachern wie Bob Dylan beeinflussten Folk-Rock spielte. Pau Riba veröffentlichte 1970 das wegweisende Album „Dioptria", das im Jahre 2004 von der Musikzeitschrift *enderrock* zum einflussreichsten katalanischen Rockalbum aller Zeiten gekürt wurde.[24] Er und einige andere elektrifizierten den Folk – wie Dylan zuvor in den USA – und spalteten sich vom Rest der Gruppe ab. Ihren psychedelischen Jazzrock (*música progressiva*) präsentierten sie u.a. auf dem 1972 zum ersten Mal ausgerichteten Festival „Sis hores de cançó" in Canet, das sich als Festival "Canet Rock" (1974-78) zu einem katalanischen Woodstock entwickelte.[25] In Barcelona eröffnete der Musikclub „Zeleste", und entwickelte sich zum Kern der sog. "Ona Laietana", eine urbane Bewegung des progressiven Rock in der Gruppen wie *Om, Companyia Elèctrica Dharma, Fusioon* oder *Orquestra Plateria* elektronischen Jazzrock mit mediterranen und afrokaribischen Klängen vermischten und *Màquina* oder die schon seit 1961 bestehenden *Lone Star* psychedelischen Rock spielten.[26] Das Trio *La Trinca* war die erste Gruppe, die mit Popsongs auf Katalanisch Erfolg hatte ("La butifarra del pagès"). Barcelona war musikalisch betrachtet, die führende Stadt in Spanien. Hier bekam man auch die meisten ausländischen LPs, denn

---

[21] Interview 09/ 2006 in Cadaqués.
[22] *Siset, que no veus l'estaca on estem tots lligats? Si no podem desfer-nos-en mai no podrem caminar! Si estirem tots, ella caurà...* (vgl. Stegmann, S. 86-87).
[23] Vgl. Riera, S. 193.
[24] Eine Übersicht über die 100 besten Alben katalanischer Liedermacher und Rockgruppen bietet die 100. Ausgabe (Oktober 2004) der Zeitschrift *enderrock*.
[25] Zum Festival von 1975 existieren zwei Dokumentarfilme: "Canet Rock" (1975) und "El Woodstock Català. 30 anys desprès" (2004). Zusammen mit dem Film "La Nova Cançó" (1976) sind sie auf einer DVD der Zeitschrift *enderrock* erhältlich.
[26] Vgl. Sierra i Fabra, S. 93ff.

während der Franco-Ära blühte der Schmuggel mit Schallplatten, die über die nahe französische Grenze kamen und unter den Ladentheken in Barcelona verkauft wurden.

Rückkehr auf die Bühnen (1976 – 2006)

Die Liedermacher überlebten diejenigen, die ihre Henker hatten sein wollen. Nach den Konzerten von Lluís Llach im Sportpalast blüht die Szene noch einmal auf: Konzerte wie das von Francesc Pi de la Serra am 27. Februar 1976 an gleicher Stelle mobilisierten die Massen, das Publikum sang begeistert jede Zeile mit. Doch die politischen Funktionen der Sänger traten nun bald hinter die künstlerischen Aspekte zurück und das bedeutete das Ende für manche Sänger, die musikalisch nicht versiert genug waren. Generell gingen das Interesse des Publikums und die Zahl der Konzerte ab 1978 erheblich zurück.[27]

Nach dem postdiktatorischen Paradies erwachte Katalonien im Jahre 1978 mit einem Kater. Die Normalisierung zog die Routine nach sich, die Routine brachte die Langeweile und schließlich die Ernüchterung, so der Journalist Ferran Riera. Aus Sicht vieler Musiker war der autonomen Regierung mehr daran gelegen, nationale Traditionen zu pflegen und im Provinzialismus zu verharren als eine moderne Kulturpolitik zu wagen.[28] Zahlreiche Interpreten der Pop- und Rockszene wanderten Ende der 70er bis Mitte der 80er Jahre nach Madrid ab, dort explodierte die Musikszene. Die großen (internationalen) Labels verlegten ihre Zentralen nach Madrid.[29]

Erst der 1977 in London erfundene Punk brachte wieder ein wenig Leben in die Szene Barcelonas, deren junge Musiker nun nichts mehr mit den Idealen der Liedermacher zu tun hatte. In den Vorstädten fiel das Motto des Punk – "No future!" - auf fruchtbaren Boden. *La Banda Trapera del Río* aus Cornellà oder *Fruint, Borne* und *La Beps* veranstalteten illegale Festivals und pusteten ihren Fans die Gehörgänge frei. Ihre Musik - sofern je in Rillen gepresst – wird von vielen heutigen Gruppen der Crossover-Szene wieder als Referenz genannt.

Die wachsende Entpolitisierung und die begeisterte (und kritiklose) Übernahme angelsächsischer Musikstile führte zu Beginn der 80er Jahre zum „Plastikpop" aus Madrid, mit Gruppen wie *Alaska* oder *Nacha Pop,* der ganz Spanien eroberte. In Barcelona entwickelte sich erst langsam wieder ein eigene Szene mit Pop- und Rockgruppen wie *Los Rebeldes, Loquillo y los Trogloditas* und *El Último de la Fila,* die

---

[27] Vgl. Stegmann, S. 149.
[28] Vgl. Riera, S. 198.
[29] Vgl. Jones, S. 39.

allerdings alle auf Spanisch sangen. Auch kleinere Independentlabel und neue Clubs (Màgic, KGB etc.) gründeten sich in der Stadt. Mitte der 80er Jahre traten wieder verstärkt Bands auf wie *Detectors* oder *Duble Buble*, die ihrer Sprache treu bleiben. Die Mehrzahl von ihnen wurde jedoch von den nachfolgenden Generationen vergessen oder ignoriert, so dass die Zeitschrift *Rockcol-lecció*, ein Ableger von *enderrock*, sie nicht zu Unrecht als „die verlorene Generation des katalanischen Rock" bezeichnet.[30] Aber der *rock en català*, der die Muttersprache auch in der Jugend verankerte, blieb hartnäckig. *Sangtraït* (Heavy Metal) aus La Jonquera, *Sopa de Cabra* aus Girona, *Sau* aus Osona und *Els Pets* aus Tarragona schafften ab 1985 den Durchbruch und machten diese Musik zum Massenphänomen.[31] Die Rockmusik verbreitete sich zunächst über Stadtfeste, Lokalradios und Fanclubs, da die offiziellen Medien kein Interesse zeigten. Das junge Publikum wollte Musik in der Sprache hören, die es jetzt in der Schule lernte. Für viele war sie sogar wichtiger als der jeweilige Musikstil, was daran abzulesen ist, dass viele Fans sowohl ein Heavy-Metal-Konzert besuchten als auch Popsänger schätzten.[32] Der Erfolg der Musik lag eindeutig in der Sprache begründet (was nicht ihre musikalischen Qualitäten in Frage stellt), die Lluís Gavaldà, Chef der *Els Pets*, auch bewusst gegenüber den spanisch singenden Gruppen aus Barcelona, die wie *Loquillo y los Trogloditas* oder *El Último de la Fila* nationale Erfolge feierten[33], mit seinen Texten stärken wollte, allerdings ohne sich vor einen parteipolitischen Karren spannen zu lassen. Das zeigt auch die offizielle Reaktion auf ihr Album "Els Pets" (1989), das der Gruppe aufgrund der Texte ("No n'hi prou amb ser català") Ärger mit der regierenden Partei *CiU* und Radio-Zensur einbrachte:[34]

Der *rock en català* revitalisierte die in Katalanisch gesungene Musik wie ehemals die *Nova Cançó*. Er profitierte wie viele Kulturbereiche von dem Aufbruchsgefühl und dem starken nationalen Ruck nach der Diktatur. Die jungen Zuhörer identifizierten sich mit der Musik und den Texten, Titel wie „L'Empordà" (*Sopa de Cabra*) oder „Boig per tu" (*Sau*) avancierten zu Hymnen der Jugend, die auch heute noch viele spontan mitsingen können. Auch die katalanische Regierung entdeckte dann im Vorfeld der Olympischen Spiele und der damit verbundenen internationalen Aufmerksamkeit sowie als potenzielle Wählerschaft die Jugendszenen und ihre Musik. Sie kümmerte sich mit ihrer Institution *Transformadors* um die Präsenz katalanischer Gruppen auf internationalen Festivals und um die Organisation von Veranstaltungen und Wettbewerben im eigenen

---

[30] Vgl. *Rockcol-lecció* No. 23/ 2006 („Tornen els 80"), S. 2-3.
[31] Vgl. Viñas, S. 35ff.
[32] Vgl. Gendrau, S. 211 und 215.
[33] Als *Radio 3* 1988 eine Umfrage zu den 20 besten spanischen Alben der 80er Jahre durchführte, platzierten sich darunter drei Alben von *El Último de la Fila* und eines von *Loquillo y los Trogloditas*.
[34] Vgl. van Liew, S. 254.

Land. Allerdings wurde auch vieles gefördert, das künstlerisch eher zweifelhaft war, nur weil die Texte auf Katalanisch gesungen wurden.[35] Eine Politisierung ließ sich somit nicht vermeiden, und so gipfelte der *rock en català* im Sommer 1991 in einem gemeinsamen, von der *Generalitat* finanzierten Konzert von *Sangtraït, Sopa de Cabra, Sau* und *Els Pets* im *Palau Sant Jordi* vor über 20.000 Fans. Dieses Jahr markiert auch einen Wendepunkt für den katalanischen Rock: *Sangtraït* und *Sau* lösten sich nicht lange danach auf, *Sopa de Cabra* nahmen ein Album mit spanischen Texten auf, was ihnen die Fans (zunächst) nicht verziehen, obwohl sich die Musik nicht geändert hatte. Im Jahre 2006 vereinte der Film „Rock & Cat" noch einmal viele der alten Helden auf der Leinwand. Das "Label" *rock en català* krankte schließlich auch daran, dass es so unterschiedliche Genres wie Heavy Metal und Folkrock umfasste. Nach 1991 stabilisierte sich die Szene auf einem niedrigeren Niveau bezogen auf die Anzahl der Gruppen und ihre Bühnenpräsenz.

Nun betraten auch andere, dem Vorbild der radikalen baskischen Punkrockbands folgende, ideologisch motivierte Bands die Bühne. *Brams* (1990) aus Berga zum Beispiel, die mit ihrer Mischung aus Punkrock und Ska die (politisierte) Jugend erreichten, aber vor allem mit ihren Texten, die nie in den offiziellen Medien gespielt wurden: *„Jordi Pujol, sexe, droga i rock ,n' roll"*, um nur den harmlosen Refrain ihres Stücks „El president" zu zitieren. Oder die Band *Inadaptats*, die in „Boikot'92" gegen die Ausrichtung der olympischen Spiele ansingt.[36] Damit wurde eine Wende vollzogen, weg vom Mainstream-Rock (der natürlich weiterhin existierte) zum radikalen "Politrock", um eine alte Bezeichnung zu verwenden, die sich bei *Dr. Calypso* und ihrem katalanischen Ska fortsetzt ("Brigadistes internacionals").

Seither hat sich die Szene stark ausdifferenziert. Die vierte und fünfte Generation von Pop- und Rockbands bewegt sich größtenteils im breiten Mainstream: u.a. *Lax'N'Busto* spielen Mainstreamrock; *Whiskyn's*, die an die neuen britischen Gitarrenbands erinnern und in die Fußstapfen von *Els Pets* treten; die Sänger Gerard Quintana (Ex-*Sopa de Cabra*) und Quimi Portet; *Dijous Paella* des Ex-*Brams*-Sängers Francesc Ribera (Titot), spielen Folkrock; die New-Metal-Band *Gàtaca*; Reggea, Ska und Rock vermischen *Skatalà, Dr. Calypso* oder *Els Penjats*; *Gossos*, denen man es kaum übel genommen hat, als sie ein Album auf Spanisch aufnahmen, sind die Erben von *Sopa de Cabra*. Heute steht das sprachliche Kriterium bei den Fans ohnehin nicht mehr im Vordergrund, die Musik ist wichtiger. Viele junge katalanische Bands singen auch auf Spanisch – z.B. *Estopa* aus Cornellá oder *Jarabe de Palo*, die 1996 mit „La Flaca" einen europaweiten Hit landeten - oder direkt auf Englisch, um sich den europäischen Markt zu erschließen.

---

[35] Vgl. López, S. 23.
[36] Vgl. Viñas, S. 85-95 u. 200.

Eine Ausnahmeerscheinung ist die seit über 30 Jahren existierende Rockgruppe *Companyia Elèctrica Dharma*, deren Musik *sardana rock* getauft wurde, weil sie auch Instrumente der *cobla* verwendet, und die sich jeder Mode entzieht. Selbstverständlich entsteht katalanische Musik nicht nur in der Region Katalonien, sondern auch in den anderen *Països Catalans*. Interpreten die grenzübergreifend Erfolg haben, sind z.b. der Sänger Pascal Comrade aus Perpinyà (Perpignan) oder die beliebten Rockgruppen *Obrint Pas* aus Valèncía und *Antònia Font* aus Mallorca. Außerhalb ihrer Sprachgrenzen sind die katalanischen Gruppen wenig bekannt. National und - zum ersten Mal – auch international hat ein moderner Musikstil aus Katalonien bzw. Barcelona seit Ende der 1990er Jahre großen Erfolg, dem man das "Label" *Barcelona mestiza* verpasst hat und bei dem in vielen Sprachen - mehrheitlich auf Spanisch, Englisch und Französisch - gesungen wird, kaum jedoch auf Katalanisch. Aber Barcelona ist eben, wie viele Weltstädte, ein multilinguale Stadt. Das hat schon 1992 José Agustín Goytisolo in seiner "Novísima Oda a Barcelona", in Verse gegossen: *"Nadie distingue entre nosotros hoy/ a ciudadanos viejos de inmigrantes/ porque somos un todo: la gente habla/ no sólo catalán y castellano/ sino muchos también francés e inglés".*
Aushängeschild der musikalisch überaus bunten und brodelnden Szene ist die Gruppe *Ojos de Brujo*, die Flamenco mit Hiphop und anderen modernen Elementen mischt: „In Barcelonas Vorstädten wohnen Migranten aus vielen Regionen Südspaniens, dort hängt der Flamenco in der Luft. Meine Mutter hat dauernd Flamenco gehört. Für mich ist es kein Problem Musiken zu mischen. Denn keine Musik ist rein, jede Musik speist sich aus verschiedenen Quellen. Wir spielen Flamenco für das 21. Jahrhundert", erklärt Sängerin Marina la Canillas.[37] In der weltoffenen Hafenstadt Barcelona leben und arbeiten Musiker aus ganz Europa, Lateinamerika oder Afrika. Sie erschaffen durch die Vermischung ihrer Kulturen dauernd neue, spannende Projekte: *Cheb Balowski, Costo Rico, 08001,* Wagner Pá oder *Funk Empire* sind einige der Interpreten, die arabische, lateinamerikanische und afrikanische Klänge und Instrumente mit elektronischen Beats, Rock, Hiphop, Ska, Flamenco, Jazz oder Musette kombinieren. Inhaltlich lassen sie sich meistens der Antiglobalisierungsszene zurechnen und sind auch eng mit der alternativen und Hausbesetzerszene Barcelonas (*cultura de resistencia*) verbunden.[38] Dabei können sie sich auf die Tradition von Bands wie *Dusminguet* beziehen, die schon zu Beginn der 90er Jahre "Bastardmusik" spielten und deren Gründer Joan Garriga heute mit seiner Band *La Troba Kung-Fú* weiterhin eine Mixtur aus Dub, Reggae, Salsa, Cumbia, Rock und Blues spielt. In ihrer Musik und der vieler anderer Bands dieser Szene findet sich

---

[37] Interview 08/ 2002 in Köln/ vgl. Eßer.
[38] Vgl. Margraf.

ein wichtiges katalanisches Element, die *rumba catalana*. Ihre Vorläuferin, die *rumba flamenca*, wurde in den 1940er Jahren von den *gitanos* in Barcelonas Viertel Raval (früher *barrio chino* genannt) "erfunden", in dem sie den Rhythmus und die fröhlichen Themen der kubanischen *rumba* mit den Melodien und dem Gitarrenspiel des Flamenco verbanden.[39] Innovativ war dabei eine Gitarrentechnik, bei der gleichzeitig die Saiten angeschlagen werden und auf dem Körper des Instruments ein Rhythmus geklopft wird, genannt *el ventilador*. Ihr erster "Star" *Peret* (Pere Pubill Calaf) beschleunigte die Rhythmen noch ein wenig und übernahm Elemente aus der Rockmusik und schuf so die *rumba catalana*, die heute von Interpreten wie *Latino de Hospitalet*, *barxino* oder *Gitano de Balaguer* zur Grundlage ihrer *música mestiza* gemacht und in (meist) reiner Form von Gruppen wie *Sabor de Gràcia*, *Rumbaketumba* oder *Patriarcas de la Rumba* gespielt wird.[40]

Kontakte der *mestizo*-Szene Barcelonas existieren auch zu Funk-Bands wie *Muchachito Bombo Infierno* oder zur wachsenden Hiphop-Szene in Katalonien: Mitglieder von *Pirat's Sound Sistema* oder die Rapperin *Ari* (Arianna Puello) aus Girona u.a. geben Gastspiele auf ihren Produktionen, *Yamal* kombiniert den Rap mit arabischer Musik. Der Rapper *Crim* hat als erster ein Album auf Katalanisch herausgebracht, so dass die Sprache sich auch hier Räume erobert, die für das Interesse der Jugend an ihr und somit für ihr Fortbestehen wichtig sind. In Barcelona findet mit "Urban Funke" auch das wichtigste Rap-Festival der Region statt.

Das international renommierteste Musikfestival in Barcelona ist seit 1994 (6.000 Besucher) das Festival für fortschrittliche Musik "Sónar", das 2006 mit seinen 130 international besetzten Konzerten und DJ-Acts rund 30.000 Besucher anlockte. "Wir sind kein Festival nur für elektronische Musik, auch wenn fortschrittliche Musik heute natürlich häufig elektronisch ist. Aber wir laden auch Rock- oder andere Interpreten ein, die auf ihrem Gebiet wegweisend sind oder waren. Und was wir von Anfang an auch sein wollten, war ein Festival mit angeschlossener Messe für Fachleute und nicht umgekehrt. Und heute kommen neben den Konzertbesuchern rund 3.000 Fachleute aus 30 Ländern zur "SónarPro". Das liegt natürlich auch an der veränderten Musikindustrie, die heute viel mehr aus kleinen unabhängigen Firmen besteht", erklärt Enric Palau, Gründer und Direktor des Festivals.[41] "Sónar" hat auch die Club- und Elektronik-Szene Barcelonas inspiriert. DJs wie Ángel Molina oder Nacho Chapado und Interpreten wie

---

[39] Die berühmtesten Interpreten dieser Musik sind die aus Südfrankreich stammenden *Gipsy Kings*. Einen internationalen "Hit" hatten Anfang der 1990er Jahre auch *Los Manolos* aus Barcelona mit ihrer Rumba-Version des Beatles-Stücks "All my loving". Vgl. "Spreading the word on Catalan rumba", in: *Catalonia Today*, 19.1.2006, S. 29.
[40] *Sabor de Gràcia* haben auch schon gekonnt Lieder der *Nova Cançó* im Rumbastil interpretiert.
[41] Interview 05/ 2006, Barcelona.

An der Beat, 12 Twelve, Guillamino oder *Pinker Tones* haben international Erfolg. Und in der Stadt existieren heute mehr Danceclubs denn je.

Die zuvor genannten Rockbands oder Popgruppen wie *Anímic, Gertrudis, Glissando* oder die Girlie-Teenie-Band *Macedònia* müssen sich im Gegensatz zur instrumentalen Musik meistens mit regionalem Erfolg zufrieden geben, da Texte auf Katalanisch selten über das eigene Sprachgebiet hinaus wirken. Viele Künstler, wie der Popsänger Sergio Dalma, entscheiden sich deshalb nur oder hauptsächlich in Spanisch zu singen.

Neben all diesen Entwicklungen blieben einige Sänger der *Nova Cançó* präsent: Lluís Llach gab 1985 im Stadion *Camp Nou* nicht nur das am besten besuchte Konzert eines einzelnen Interpreten in Europa - es kamen über 110.000 Zuhörer – sondern er produziert nach wie vor erfolgreich Alben. Maria del Mar Bonet hat ihren musikalischen Schwerpunkt auf die Fusion der musikalischen Folklore des Mittelmeerraums verlegt und Joan Manuel Serrat ist immer noch ein Star, der sowohl von seinen kubanischen wie von seinen katalanischen Kollegen musikalische Ehrungen erfährt (Konzerte, Hommage-CDs) und im Jahre 2006 auch wieder mal ein katalanischsprachiges Album produziert hat ("Mô"). Dass die Liedermacher auch bei den jüngeren Generationen teilweise wieder ankommen, zeigen viele neue Versionen ihrer Songs.

Außerdem ist eine neue Generation von *cantautors* herangewachsen, die sich mit den politischen und Jugendthemen von heute auseinandersetzt: Neben dem schon älteren Albert Pla, Lluís Cartes, der 2005 für sein Lied "Camina descalç" ausgezeichnet wurde, Feliu Ventura, Roger Mas, Albert Fibla, Narcís Perich, Clara Andrés u.a.[42] Bei vielen aktuellen Sängern verschwimmen die musikalischen Grenzen zwischen modernen Musikstilen und Folklore.

Schon kurz nach Francos Tod lebte die Folklore in Katalonien auf. Zwar waren auch unter der Diktatur folkloristische Musik- und Tanzveranstaltungen möglich gewesen und wurde von einigen Interessierten die Forschung zu diesen Themen weiter betrieben, aber Massenveranstaltungen oder große Konzerte waren nicht möglich, Dinge die traditionelle Musik und traditioneller Tanz dringend zum Überleben brauchen. Vor allem wenn er nicht nur politisch unterdrückt wird, sondern gleichzeitig auch noch gegen die Strömungen der Zeit ankämpfen muss, weitgehend ignoriert von einer Jugend bzw. Gesellschaft, die sich im Aufbruch ins moderne Europa befand. Auch die wenigsten Sänger der *Nova Cançó* - mit Ausnahme z. B. von Maria del Mar Bonet, die sich mit mallorquinischem Liedern beschäftigte - orientierten sich am traditionellen Liedgut Kataloniens.

---

[42] Vgl. "El boom dels bandautors", in: enderrock Nr. 124, S. 34-43.

Nun gründeten sich überall Vereinigungen zur Rettung und Pflege der traditionellen Musik und Lieder, wie z.b. die *Associació Arsèguel i el Acordionistes del Pirineu* oder die *Grup de Recerca Folklòrica d'Osona*.[43] Sie sammelten und studierten das traditionelle Liedgut und veröffentlichten Schallplatten und Bücher.[44] Die lokalen und regionalen Aktivitäten gipfelten in den Veröffentlichungen von Josep Massot i Muntaner, der sie zusammentrug, z.b. in "L'Obra del Cançoner Popular de Catalunya, font de recerques" (Montserrat 2004), sowie in der Gründung ethnomusikologischer Studiengänge an verschiedenen Hochschulen und des *Centre Artesà Tradicionàrius*, das alle zwei Jahre das große gleichnamige Musikfestival ausrichtet und dieses auch immer auf Tonträgern dokumentiert.[45] Auch im Bereich der traditionellen Musik weichen die Grenzen auf. Während Gruppen wie *Caliu Folk*, die katalanische Lieder interpretieren, oder *El Santi No Ve* weitgehend traditionell orientiert sind und die *Ganxets de Reus*, sogar ein Minifestival für die *gralla* – das Holzblasinstrument, das u.a. bei Prozessionen, Karnevalsumzügen oder dem Auf- und Abbau der *castells* gespielt wird – organisieren, vermischen viele Interpreten moderne Instrumente und Klänge mit traditionellen Elementen aus vielerlei Kulturen und unterscheiden sich von der Barcelona-Mestiza-Szene nur durch die größeren katalanischen Anteile in der Musik und (oft) in der Sprache: *Cercavins* aus Lleida spielen Folkrock, *Rauxa* aus Sabadell mischen katalanische Rumba und Havanera mit Cumbia und Stilen vom Balkan, *La Boina* singen zu mit elektronischen Klängen vermischter Polka, Mazurka etc. katalanische Texte, und das *Orquestra Àrab de Barcelona* spielt zu einem Text von Jacint Verdaguer („Fill meu") arabische Musik, um nur einige wenige zu nennen. Und das Katalanische dringt langsam auch zum Flamenco vor, der durch die südspanischen Einwanderer vor allem in den Vorstädten von Barcelona eine zweite Heimat gefunden hat: Während Künstler wie Duquende, Mayte Martín und Ginesa Ortega sich am traditionellen Flamenco orientieren und höchstens die Musik ein wenig modernisieren, hat der Flamencosänger Miguel Poveda, der als Einwandererkind mit Spanisch und Katalanisch groß geworden ist, im Jahr 2005 ein Album mit spanischer Musik und flamencoähnlichem Gesang zu Texten katalanischer Dichter herausgebracht, das sehr erfolgreich war.

Die aus Kuba stammenden *havaneres* stellen heute mit hunderten in Katalonien komponierten Stücken (z.B. "El meu avi") einen eigenständigen Ausdruck katalanischer Kultur dar.[46] Um die Wende zum 20. Jahrhundert gewann dieses Vokalgenre große Popularität in Katalonien. Mit einer Welle von aus dem verlorenen Krieg gegen die

---

[43] Vgl. Ayats/ Rebés, S. 91.
[44] Siehe zum Beispiel Roviró et al. 2004.
[45] Vgl. Ayats 2004.
[46] Vgl. Deulonder.

USA (1898) von Kuba heimkehrenden Soldaten und - meist reichen - Auswanderern begann der Aufschwung einer Musik, die schon länger im Volke praktiziert wurde. Die erste katalanischsprachige *havanera* soll aus dem Jahre 1868 stammen. An der Costa Brava verwandelten sich die von Seeleuten mitgebrachten kubanischen Lieder in Lieder der Fischer und Korkenmacher, meist gesungen von einem Männertrio mit Gitarre und Akkordeon in den Tavernen der Küstendörfer.[47] Nach 1898 dann eroberte sie auch die Salons in den Städten. Seit 1967 existiert in Palafrugell die „Cantada d'Havaneres de Calella" das inzwischen bekannteste Havaneres-Festival, bei dem jedes Jahr die besten der rund 100 Gruppen in Katalonien, wie zum Beispiel *Port Bo* oder *Terra Endins*, einem stetig wachsenden Publikum präsentiert werden.

Der neben Tete Montoliu bekannteste katalanische Jazzmusiker ist seit den 70er Jahren der Bassist Carles Benavent, der im berühmten Sextett des Gitarristen Paco de Lucia den Flamenco-Jazz mitbegründete und sogar mit Miles Davis auftrat. Ihm folgten weitere Generationen von Musikern, die aber bis zum Tode von Tete 1997 immer in seinem Schatten standen.

Barcelonas Jazz-Szene heute ist, wie es sich für eine kulturell offene Weltstadt gehört, breit aufgefächert: im legendären "Jamboree", im "Bel-luna", im "Harlem Jazz Club" oder im "Jazz-Sí" ist von Dixieland - z.B von der Band *La Vella Dixieland* - bis zum Electrojazz von *TGX* alles zu hören. Einige Künstler aus der aktuellen Szene wie zum Beispiel die Schlagzeuger Marc Miralta und Jordi Rossy, der lange im Trio des US-Pianisten Brad Mehldau gespielt hat, die Pianisten Lluís Vidal und Albert Bover, der Trompeter Raynald Colom, die Sängerin Carme Canela, die ein Album mit verjazzten katalanischen Volksliedern eingespielt hat, und der Saxophonist Llibert Fortuny, der 2004 für "Un circ sense leons" den spanischen Schallplattenpreis erhielt, sind auch über die nationalen Grenzen hinaus bekannt.[48] Trotzdem mangelt es an Unterstützung: "Der Jazz wir nicht so gefördert wie andere Musikrichtungen, vor allem nicht sein Export. Auf nationalem Niveau engagiert sich das *Instituto Cervantes* ein wenig dafür, aber in Katalonien kaum jemand. Ich hoffe, dass das *Institut Ramon Llull* eines Tages diese Rolle übernimmt, auch für den Jazz. Wir haben für *Jaç* eine Promo-CD der hiesigen Jazzszene als Beilage produziert und diese wurde dann auch auf internationalen Messen verteilt, aber das reicht nicht", erklärt Pere Pons, Chefredakteur der Zeitschrift *Jaç*.[49] Die Spielmöglichkeiten in Barcelona und Katalonien sind vielfältig: Neben dem "Festival Internacional de Jazz de Barcelona" und dem "Mas i Mas" Festival in der

---

[47] Wie die *rumba catalana* u.a Musikgenres in Spanien gehört die *habanera* zu den *cantes de ida y vuelta*, d.h. Musiken die aus Spanien nach Lateinamerika oder in die Karibik gelangten, sich dort veränderten und wieder zurück nach Spanien kamen.
[48] Vgl. Pons, S. 24-35.
[49] Interview 04/ 2006, Barcelona.

Metropole existieren ein Reihe weiterer, renommierter Veranstaltungen im Lande, u.a. die Festivals in Terrassa, Lleida und Girona, oder das Dixielandfestival in Tarragona. Trotzdem haben lokale Musiker irgendwann überall gespielt, auch in anderen spanischen Städten, und möchten auf Auslandstournee gehen: "Ich habe überall gespielt und es muss etwas passieren, denn ich habe keine Lust, 20 Jahre am selben Ort zu spielen. Aber hier wird der Jazzexport kaum gefördert, denn erstens rechnet man ihn nicht der eigenen Kultur zu und zweitens hält man den Jazz von außen, vor allem aus den USA, generell für besser", beklagt Llibert Fortuny.[50]

Der "Palau de la Música Catalana", das "Gran Teatre del Liceu", das nach Bränden 1861 und 1994 schon zweimal originalgetreu wieder aufgebaut wurde, sowie das 1999 eröffnete "Auditori" (das auch das *Museu de la Música* und die *Escola Superior de Música de Catalunya* beherbergt) sind die wichtigsten Stätten klassischer Musik in Barcelona. Das "Liceu" mit seinem Chor und Orchester wurde bis 1981 privat geführt, seither wird es von einem Konsortium aus privaten und öffentlichen Geldgebern. u.a. der *Generalitat* und der Stadtverwaltung, unterstützt.[51] Dort finden Oper- und Ballettaufführungen statt. Neben den meisten Weltstars sangen bzw. singen dort auch häufig die Katalanen Victòria dels Àngels (1923-2005), José (Josep) Carreras und Montserrat Caballé, die mit mehr als 90 Opernrollen in ihrem schier unbegrenzten Repertoire und fast 4.000 Auftritten zu den größten Sängerinnen der Operngeschichte gehört, und seit ihrem Crossover-Hit "Barcelona", mit Freddie Mercury, auch dem Nicht-Opernpublikum ein Begriff ist. Im modernistischen "Palau", der auch Sitz des Chors *Orfeó Català* ist, spielen regelmäßig die besten Orchester der Welt. Doch vor allem als Bauwerk beeindruckt er: „Wer sich ihm nähert, bleibt stehen [...] und hat plötzlich das unwiderstehliche Bedürfnis, eine Melodie zu trällern", meint der Schriftsteller Sergi Pàmies in seinem „Großen Roman über Barcelona". Von innen erwartet die Besucher eine Sinfonie aus Farben und Formen. Das "Auditori" umfasst u.a. einen Saal für Kammermusik, der bis dahin in Barcelona fehlte. Die Stadt und die *Generalitat* unterhalten das *Orquestra Simfònica de Barcelona i Nacional de Catalunya* (OBC). Andere Klangkörper wie das *Orquestra de Cambra Teatre Lliure*, das *Barcelona Art Ensemble*, die 1987 von Jordi Savall gegründete *Capella Reial de Catalunya*, die sich auf die Interpretation mittelalterlich religiöser Musik spezialisiert hat, oder die *Cobla Simfònica de Catalunya*, die sinfonische Werke mit den Instrumenten der *cobla* auf die Bühne bringt, werden größtenteils privat finanziert.

Im Sommer treten diese und andere Orchester wie das *Orquestra Simfònica del Vallès*, das Kammermusikorchester *Tactum* oder das *Ensemble Barcelona Baroc,* Interpreten

---

[50] Interview 10/ 2005, Barcelona.
[51] Vgl. Nadal, S. 188.

wie die Pianisten Mireia Fornells oder Àlex Alguacil oder das Ensemble für Alte Musik, *Virdung*, auf den unzähligen Musikfestivals auf, die in Katalonien stattfinden, und auf denen auch immer wieder Komponisten wie Jesús Rodríguez Picó oder Agustí Charles ihre neuesten Werke vorstellen. Besondere Bedeutung besitzen die Festivals im Castell de Peralada, in den Jardins de Cap Roig, in Cadaqués, Torroella de Montgri, Santes Creus, La Seu d'Urgell und El Vendrell.

Mitte der 1970er Jahre begann man in Katalonien experimentelle Musik auf Tonträger aufzunehmen (z.B. LP: *Música progressiva a Catalunya I*, 1971), meistens noch auf Cassetten oder Tonbändern.[52] Diese Musik existiert jedoch auch in Katalonien nur in begrenzten Zirkeln und ohne großes mediales Interesse, auch wenn die Konzerte von Victor Nubla und *Macromassa* Mitte der 70er Jahre einige Aufmerksamkeit erfuhren. Josep Maria Mestres Quadreny und der Pianist Carles Santos aus València, der zu Beginn der 1970er Jahre den Minimalismus in Katalonien bekannt gemacht hatte und 1992 die Musik zur Eröffnung der Olympischen Spiele komponierte, gründeten 1976 den *Grup Instrumental Català*, dessen Anliegen es war, zeitgenössische Kammermusik zu verbreiten. Großen Einfluss in Katalonien erlangte der valencianische Pianist und Performance-Künstler Llorenç Barber, der von FLUXUS, Stockhausen, Cage und Kagel beeinflusst, neue Strömungen der experimentellen Musik, vor allem in Verbindung mit der Aktionskunst, dort einführte. In den 90er Jahren erlangte die Konzertreihe des *Reflux Orchestra* (u.a. mit Joan Casellas, Quim Tarrida, Lluis Alabern) in der *Fundació Tàpies* eine gewisse Bedeutung.[53] Junge Interpreten wie *Temps de Follia* spielen heute Musik von Liszt oder Rachmaninov auf der Geige und dem Klavier und kombinieren sie mit Elektronik. Aber sowohl ältere Komponisten zeitgenössischer Musik als auch die junge Generation beklagt die schlechte Förderung und hält Barcelona nicht (mehr) für das Zentrum dieser Musik in Spanien.[54] Dabei existiert mit der *Fundació Phonos* eine sehr renommierte Institution für zeitgenössische Musik in Barcelona. 1975 von Andrés Lewin-Richter, Lluís Callejo und Josep Maria Mestres Quadreny gegründet, war das Studio lange Zeit das einzige seiner Art in Spanien. Auch dank der Mitarbeit des chilenischen Komponisten Gabriel Brncic, der dort bis heute Kompositions- und elektroakustische Kurse gibt, avancierte das Studio zu einer Ausbildungs- und Forschungsstätte, in der fast alle bedeutenden zeitgenössischen Komponisten Kataloniens mindestens einmal einen Kurs besucht haben. "Der erste Kurs, 1976, vermittelte gleichzeitig traditionelle Kompositionstechniken und elektronische Musikerstellung. Niemand hat uns finanziert am Anfang, und so mussten wir unser

[52] Vgl. Nubla, S. 136.
[53] Vgl. Abril Ascaso, S. 141.
[54] Vgl. *Revista Musical Catalana* Nr. 253/ 2005, S. 30-33.

Geld mit den Kursen verdienen, bis *Phonos* 1982 zur Stiftung umgewandelt wurde und wir einige Subventionen von der *Generalitat* bekamen. Aber ich erhielt dann immer noch kein regelmäßiges Gehalt", erzählt Gabriel Brncic.[55] Heute forschen Studenten bei *Phonos* nach neuer Musiksoftware und können dort in Kooperation mit der IUA einen anerkannten Abschluss erwerben. Und *Phonos* organisiert nach wie vor Konzerte und Konferenzen, so im Jahr 2005 die "International Computermusic Conference".

Rund 150 der katalanischen Komponisten sind in der privat organisierten *Associació Catalana de Compositors* zusammengeschlossen, die seit 1974 existiert. Sie organisiert Konzerte – u.a. die Reihe "AvuiMúsica" – und publiziert die Zeitschrift "Música d'Ara" sowie eine CD-Serie mit zeitgenössischer katalanischer Musik.

Kulturpolitik/ Medien/ Industrie

1980 schufen die katalanische Regierung und der damalige Kulturminister Max Cahner unter der Leitung von Antoni Sàbat verschiedene Abteilungen zur Förderung des Musiklebens in Katalonien, vor allem um der "doppelten Abhängigkeit" der katalanischen Musik, besonders des Liedes, von der englisch- und spanischsprachigen Kultur etwas entgegenzusetzen. Als eine der ersten Handlungen verlieh man dem Komponisten Frederic Mompou eine Auszeichnung.[56] Seither ist die Musikförderung in Form von Zuschüssen zu Tourneen, Konzerten, Tonträgerproduktionen, der Werbung auf internationalen Messen (u.a. MIDEM) oder der Organisation von Festivals Bestandteil der Kulturpolitik, wenn auch bestimmte, moderne Musiksektoren, sich beklagen, dass diese Förderung zu konservativ sei, da sie sich vor allem um die Folklore und die populäre Musik kümmere.

Auch private Initiativen wie der *Taller de Músics* tragen zur Entwicklung der Musik in Katalonien bei. Nach der massiven Abwanderung von Labels und Musikfirmen nach Madrid Ende der 70er Jahre, blieb vielen Musikern, die nicht abwandern wollten, nichts anderes übrig als Lehrer zu werden: "Aus einer Generation verhinderter Künstler wurde eine Generation von Lehrern".[57] Viele von ihnen lehrten in den Seminaren des gerade gegründeten *Taller*, der Jazz zum Schwerpunkt hatte, aber auch Rockmusiker ausbildete und später auch zu einem wichtigen Motor für die Weiterentwicklung des Flamenco in Katalonien wurde. Bis heute hat der *Taller* mit seinen inzwischen hinzu gekommenen Festivals und Organisationsbüros einen festen Platz im Musikleben und kaum ein (Jazz)Musiker hat nicht irgendwann mit dieser Institution zu tun gehabt.

---

[55] Interview 10/ 2005, Barcelona.
[56] Vgl. Departament de Cultura 1982.
[57] Formentor, S. 12.

Die 1989 gegründete und jährlich stattfindende Messe für Musik in Vic sowie die vielen großen Festivals, u.a. "Mediterrània" für Folklore in Manresa, "Primavera Sound" und "Grec" für verschiedene moderne Musikstile in Barcelona, "Senglar Rock" in Lleida oder das Liedermacherfestival "BarnaSants", tragen zur Promotion katalanischer Musik bei, ebenso die etwa 25 Musikzeitschriften von Institutionen und Vereinen, viele Fanzines (*Nativa, Pack de So* etc.) sowie die vier Publikumszeitschriften auf Katalanisch, *Revista Musical Catalana, enderrock, Jaç* und *Folc.* "*Enderrock* und ihre Ableger [*Jaç* und *Folc*] sind aus drei Gründen entstanden: erstens weil wir Katalanen sind und in unserer Sprache schreiben wollten, zweitens weil katalanischsprachige Publikationen auch einen Markt haben, denn dass wir 13 Jahre im Markt sind, beweist, dass eine Leserschaft für diese Themen existiert, und drittens, weil in den spanischsprachigen Musikzeitschriften z.b. der *rock en català* nur als Anekdote vorkommt. Wenn dort zehn Prozent davon erwähnt werden, ist das viel und das wollen wir anders machen", erklärt Helena M. Alegret, Chefredakteurin von *enderrock*.[58]

Um die katalanische Musik zu fördern hat die Zeitschriftengruppe auch die "Premis enderrock" ins Leben gerufen, mit denen jedes Jahr bei einem großen Konzert die besten einheimischen Interpreten ausgezeichnet werden, im Jahr 2007 u.a. *Conxita*, für das beste katalanische Album, Eduard Canimas als bester Liedermacher, Eduard Iniesta für das beste Folkalbum und *The Unfinished Sympathy* für das beste fremdsprachige Album einer katalanischen Gruppe.

Ein anderes Instrument zur Förderung der eigenen Musik, die Radioquote, hat keinen großen Effekt: "Das Gesetz wird nicht befolgt und wer es gezwungenermaßen tut, sendet den Großteil der geforderten 25 Prozent katalanischsprachiger Musik in 'toten' Zeitzonen, also zum Beispiel vor sieben Uhr morgens", sagt Helena M. Alegret. Pro Jahr erscheinen etwa 400 neue Alben katalanischer Musiker, "aber die meisten Programmverantwortlichen glauben nicht an diese Musik, schon gar nicht wenn es junge Künstler sind", schreibt der Journalist Carlos Pujol.[59] Im Fernsehen präsentiert der katalanische Kanal „33" zwar regelmäßig einheimische Gruppen, aber die landesweiten spanischen Sender und erst recht nicht die privaten Kanäle haben kein Interesse an dieser Musik, ausgenommen wenige historische Dokumentationen.

Nach der Krise zu Beginn der 1980er Jahre, die übrigens nicht die so genannte Dancefloormusic (Techno, Acid, House etc.) betraf, die seit den 80ern in Barcelona florierte, hat sich zumindest die Musikindustrie in Barcelona wieder erholt, viele kleine und mittelgroße Label und Firmen kümmern sich um die Künstler.

---

[58] Interview 04/ 2006, Barcelona.
[59] Interview in *Girona Actual* Nr. 10/ 2005, S. 16.

Ausblick

Die katalanische Musikszene hat sich in den vergangenen 30 Jahren in allen Bereichen auf ein europäisches Niveau hin "normalisiert" und diversifiziert. Barcelona und sein Umland sind mit ihren Interpreten und Festivals in so vielen modernen Musikstilen führend, dass der Titel "Hauptstadt der Musik" in Bezug auf Spanien zumindest diskussionswürdig ist und die Zukunft dieser Musik gesichert scheint. Allerdings gilt das so pauschal nur für die international kompatible Musikproduktion, also entweder hitparadenfähige Titel – das schließt katalanischsprachige Titel nahezu aus – oder Instrumentalmusik (wobei Kunstmusik und Jazz hier nicht eingeschlossen sind, da sie in Katalonien wie im Rest der Welt mit den Problemen "elitärer" Künste zu kämpfen haben).

Die Zukunft der katalanischsprachigen Musik hängt - wie bei vielen kleine Kulturen - von der politischen Situation und der finanziellen Förderung ab. Katalanische Pop- und Rockmusik wird selten über die Sprachgrenzen hinaus Erfolg haben, so dass die Künstler sich mit diesem Gebiet als Einnahmequelle zufrieden stellen müssen. Darum sollten offizielle Stellen sie durch Ausbildungsunterstützung, Festivals und vor allem mediale Präsenz viel mehr fördern als es bisher geschieht. Es existiert schon seit 1995 das *Xarxa de Músiques de Cataluña*, ein Netz von durch offizielle Stellen geförderten Konzerten junger Musiker – vor allem aus der Klassik und dem Jazz - in ganz Katalonien, aber das reicht nicht aus, denn auch im Lande etablierte Künstler und vor allem Musik aus den Jugenszenen braucht Unterstützung. Denn gerade die Musik, die die Jugend hört, ist ein wichtiger Stein im Mosaik zum Erhalt der eigenen Sprache. Wenn katalanischer Hiphop nicht gefördert wird, dann hören die Jugendlichen eben spanische Rapper oder direkt nur englischsprachige Produktionen. Vor allem in die jungen Liedermacher, die in ihren katalanischen Texten oft aktuelle Probleme ansprechen und bei der Jugend sehr beliebt sind, sollte die Politik "investieren", und sie nicht so behandeln wie die *16 Jutges*, die erst 45 Jahre nach ihrer Gründung die erste offizielle Anerkennung erhielten, was Maria del Mar Bonet in ihrer Dankesrede zu Recht anprangerte.[60] Und zur Förderung gehört auch – so schmerzhaft es für Musikliebhaber auch ist – zum Beispiel Sendungen wie "Operación Triunfo" o.ä. zu kopieren, denn nachdem dort einige Teilnehmer in Katalanisch gesungen und sogar Alben veröffentlicht hatten (z.B. Gisela oder Beth), äußerten mehr Jugendliche den Wunsch, in dieser Sprache zu singen.

---

[60] Siehe: "Maria del Mar Bonet critica el mal trato de la Generalitat a la Cançó en el homenaje a Els Setze Jutges", in: *El Pais* 14.04.2007.

Natürlich muss auch die Folklore – Sardana, Habanera etc. – weiterhin gefördert werden, denn sie bildet schließlich einen wichtigen Teil der nationalen Kultur. Nur müssen die Investitionen in Musiken, die größtenteils nur von älteren Generationen und von Touristen gehört werden, in Relation stehen zu dieser Realität. Denn wenn keine neue katalanische Musikszene nachwächst, die sich auf musikalische Traditionen berufen kann und sie evtl. modernisiert, verliert auch die Folklore irgendwann ihre Daseinsberechtigung. Für Ausländer ist es zum Beispiel bei einer Präsentation katalanischer Kultur sicher schön und interessant, einem *cobla*-Orchester zuzuhören. Wenn dann aber keine Pop-, Rock- oder Jazzband folgt oder auch ein moderner Komponist, reduziert sich die Kultur auf einen kleinen, zurückblickenden Ausschnitt, der sie selbst nicht nach vorne bringt. Das Risiko z.B. im Ausland katalanischsprachige Sänger zu präsentieren sollte man eingehen, denn sie wären nicht die Ersten, die – zum Beispiel in Deutschland – Erfolg mit ihrer Musik haben können, obwohl sie von der Mehrheit des Publikums nicht verstanden werden.

Die Zukunft der katalanischsprachigen Musik liegt wahrscheinlich im Konzept des *mestizaje,* also der Verschmelzung verschiedener kultureller Denk- und Ausdrucksformen zu etwas Neuem. Joan Miró muss das geahnt haben, als er sagte "Wir sind internationale Katalanen". Entscheidend wird sein, wie groß der eigene, nationale Anteil am Ganzen sein wird.

Bibliographie:

Abril Ascaso, Oscar. "Ready-Made Sounds", in: Generalitat de Catalunya (Hg.). *Músiques alternatives*, Barcelona 1995, S. 140-142.

Ayats, Jaume. "Los grupos de Música Tradicional en Catalunya o la construcción de una identidad alternativa", in: *Revista Transcultural de Música/ Transcultural Music Review* Nr. 8/ 2004 (http://www.sibetrans.com/trans/trans8/aiats.htm).

Ayats, Jaume/ Rebés, Salvador. "El cançoner popular entre la postguerra i el segle XXI", in: Generalitat de Catalunya (Hg.). *El cançoner popular català (1841-1936)*, Barcelona 2005, S. 88-95.

Bendit, René/ Bendit Eva R. "Altersrollen: Gibt es eine spanische Jugendkultur?", in: Carlos Collado Seidel/ Andreas König (Hg.). *Spanien: Mitten in Europa*, Frankfurt a.M. 2002, S. 209-228.

Casanovas, Josep. "Die Musik Kataloniens", in: Staatliche Kunsthalle Berlin (Hg.). *Katalanische Kunst des 20. Jahrhunderts*, Berlin 1978, S. 294-300.

Departament de Cultura i Mitjans de Comunicació. *Llibre blanc del servei de música. La política musical*, Barcelona 1982.

Deulonder, Xavier. *Cremat de rom. Les cent millors havaneres*, Barcelona 2005.

Eßer, Torsten. "Elektronischer Flamencopunk: *Ojos de Brujo* aus Barcelona", in *Matices* Nr. 49/ 2006, S. 62-63.

Formentor, Mingus B. "Die Musikerwerkstatt", in: *Catalònia* Nr. 11/ 1996, S. 12-13.

Gendrau, Lluís. "El pop-rock català: estat de la qüestió", in: Feixa, Carles/ Saura, Joan R./ Castro, Javier de (Hg.). *Música i ideologies*, Lleida 2003, S. 209-235.

Ginés, Maria. "Música", in: Lluís Casassas et al. (Hg.). *Què és Catalunya*, Barcelona 1980, S. 137-144.

Jones, Daniel E. "La globalització comunicativa a Catalunya. Processos i tendències", in: *Trípodos* Nr. 14/ 2003, S. 29-44.

Lahusen, Christian. *"Unsere Stimme erwacht..." Populäre Musikkultur und nationale Frage im heutigen Spanien*, Saarbrücken 1991.

López, Richard. „C-Rock ‚n' Roll Suicide", in: *BCN-inside* No. 2/ 2004, S. 22-23.

Margraf, Britta. "Barcelona mestiza", in: *Matices* Nr. 35/ 2002, S. 58-60.

Martí i Pérez, Josep. "The Sardana as a Socio-Cultural Phenomenon in Contemporary Catalonia", in: *Yearbook for Traditional Music* Nr. 26/ 1994, S. 39-46.

Nadal, Pau de. "Stätten klassischer Musik", in: Giralt Rué, Marta (Hg.). *Barcelona diagonal. Ein Stadt-Lesebuch*, Berlin 1991 [1988], S. 188-191.

Nubla, Victor. "The unified field theory", in: Generalitat de Catalunya (Hg.). *Músiques alternatives*, Barcelona 1995, S. 136-138.

Pons, Pere/ Penélope, Eva. "El jazz català dóna la cara", in: *Jaç* Nr. 1/ 2003, S. 22-37.

Pujol Baulenas, Jordi. *Jazz en Barcelona. 1920-1965*, Barcelona 2005.

Riera, Ferran. "Von der Nova Cançó zum Punk", in: Giralt Rué, Marta (Hg.). *Barcelona diagonal. Ein Stadt-Lesebuch*, Berlin 1991 [1988], S. 192-203.

Roviró, Xavier/ Aiats, Jaume/ Girbau, Valentí/ Roviró, Ignasi. *Cançons Populars de la Història de Catalunya*, Barcelona 2004.

Sierra i Fabra, Jordi. *Història i poder del rock català*, Barcelona 2007 [1977].

Stegmann, Tilbert D. *Diguem no – Sagen wir nein! Lieder aus Katalonien*, Berlin 1979.

van Liew, Maria. „The scent of Catalan rock: Els Pets' ideology and the rock and roll industry", in: *Popular Music* Nr. 3/ 1993, 245-261.

Viñas, Carles. *Rock per la independència. La reivindicació nacionalista al rock català*, Barcelona 2006.

CD-Auswahl:[61]

Rock, Pop, Elektronik etc.:

12Twelve: *L'Univers*. Acuarela 2006

Arianna Puello: *Así Lo Siento*. Zona Bruta 2006

barXino: *Barcelona Mondo Beat - Nación Electrolatina*. Satélite K 2007

Brams: *Segona Assemblea*. Discmedi 1993

Companyia Elèctrica Dharma: *Llibre Vermell*. Discmedi 2002

Crim: *Canturrap*. Discmedi 2005

Diverse: *Barcelona Raval Sessions I*. Satélite K 2003 [2 CD]

Diverse: *Barcelona Zona Bastarda*. Organic 2002 [2 CD]

Diverse: *Made in Barcelona*. Satélite K 2005 [2 CD]

Dusminguet: *Go*. EMI/ Virgin 2003

Els Pets: *Vine a la Festa*. Discmedi 1995

Estopa: *Estopa*. BMG 1999

Jarabe de Palo: *La Flaca*. Virgin 1996

Los Sirex: *Todos sus Singles*. Rama Lama 2002 [2 CD]

Muchachito Bombo Infierno: *Vamos que nos vamos*. Satélite K 2005

Ojos de Brujo: *Bari*. La Fábrica Colores 2002

Ojos de Brujo: *Techarí*. Diquela 2006

---

[61] Einen guten und aktuellen Überblick über die katalanischen Musikszenen bieten die CD-Kompilationen, die oft den Zeitschriften *enderrock*, *Jaç* und *Folc* beiliegen. Aktuelle und andere CD's können bestellt werden u.a. unter: http://www.enderrock.cat/

Pinker Tones: *The BCN Connection.* Outstanding Records 2004
Sangtraït: *L'últim Concert.* Picap 2002
Sopa de Cabra: *Bona Nit, Malparits!.* K. Industria Cultural 2002

Traditionelle Musik/ Folklore:
Dijous Paella: *Dijous Paella.* Plural 2005
Diverse: *Tradicionàrius.* Discmedi 2002 (erscheint zu jedem Festival)
Jaume Arnella: *Cancons de Taverna.* Tram 1999
Miquel Poveda: *Desglaç.* Discmedi 2005
Patriarcas de la Rumba: *Cosa Nostra.* K. Industria Cultural 2005
Terra Endins: *50 Havaneres.* artp 2004

Liedermacher:
Diverse: *Aquelles Cançons de la Cançó.* Discmedi 2004 [2 CD]
Joan Manuel Serrat: *Ara que Tinc Vint Anys.* BMG 2000 (1965)
Lluís Llach: *Barcelona, Gener de 1976.* Fonomusic 1991
Lluís Llach: *Poetes.* BMG 2004
Maria del Mar Bonet: *Amic, Amat.* Picap 2004
Raimon: *Nova Integral Edició 2000 1-10.* Picap 2000 [10 CD]
Roger Mas: *Mística Domèstica.* K. Industria Cultural 2006

Jazz:
Carme Canela & Lluís Vidal Trio: *Els Nostres Estàndards.* Contrabaix 2006
Diverse: *Jazz en Barcelona 1920-1965.* Fresh Sound 2005 [3 CD]
Horacio Fumero: *Desde Barcelona.* Nuba 2005
Llibert Fortuny: *Revolts.* Nuevos Medios 2005
Tete Montoliu: *Interpreta a Serrat hoy.* Discmedi 1996 [1969]
Tete Montoliu: *Jazz en España.* RTVE Música 2005 [2 CD]
TGX: *Ara o mai.* Fam 2004

Kunstmusik:
Albert Guinovart: *Enric Granados – Goyescas.* harmonia mundi 1998
Albert Guinovart: *Isaac Albéniz – Sonatas para Piano.* harmonia mundi 1994
Andrés Lewin-Richter: *Sèrie Phonos.* Ars Harmonica 2002
Associació Catalana de Compositors: *Col·lecció de Música Catalana Contemporània Vol. I-VI.* Eigenverlag 2003 [6 CD]

Jordi Savall/ Montserrat Figueras/ La Capella Reial de Catalunya: *Cançons de la Catalunya mil·lenària - Planys & Llegendes*. Naïve 1991

Josep Maria Mestres Quadreny: *Sèrie Phonos*. Ars Harmonica 1998

Lluís Callejo: *Sèrie Phonos*. Ars Harmonica 2003

Montserrat Caballé: *The Ultimate Collection*. RCA 1999

Pau Casals: *The Casals Collection*. Classica D'oro 2002 [7 CD]

Victor Nubla: *Empúries* (MACBA Sessions 2). Hronir 2002